AF263508

LES FÉDÉRALISTES

DU DÉPARTEMENT DE L'EURE

DEVANT LE

TRIBUNAL RÉVOLUTIONNAIRE,

PAR

M. L. BOIVIN-CHAMPEAUX,

Avocat général à la Cour impériale de Caen.

ROUEN

IMPRIMERIE DE E. CAGNIARD,

Rues de l'Impératrice, 88, et des Basnage, 5.

—

1865.

LES FÉDÉRALISTES

DU DÉPARTEMENT DE L'EURE

DEVANT LE

TRIBUNAL RÉVOLUTIONNAIRE.

ROBERT LINDET. — FRANÇOIS SAVARRE. — EULALIE SAVARRE.

(1793-1794.)

Robert Lindet d'abord avocat à Bernay, puis maire de cette ville, député à l'Assemblée législative et à la Convention est principalement fameux comme membre du Comité de salut public. Doué d'une âpre activité, d'un esprit plein de ressources, d'une puissance de travail égale à ce qu'on rapporte de Colbert, il s'isola, pendant son passage aux affaires, de l'action gouvernementale proprement dite et se concentra dans les régions les plus silencieuses et les moins recherchées du pouvoir. On sait que la plupart des mesures extraordinaires nécessaires pour assurer les approvisionnements de l'Intérieur et la subsistance des armées, telles que la fixation du maximum et l'emploi des réquisitions, ressortissaient de son ministère. Il a rendu à la Normandie, et au département de l'Eure en particulier, des services d'un autre genre qui méritent également être connus.

Il faut nous reporter au 15 juillet 1793, c'est-à-dire au lendemain du simulacre de combat livré sous les murs du château de Brécourt par les troupes de la Convention à la petite armée des Girondins (1).

Robert Lindet n'avait jamais dissimulé l'aversion qu'il éprouvait pour ces derniers parmi lesquels était allé se ranger Buzot, autre député de l'Eure. Il les jugeait égarés dans la contemplation nuageuse des anciennes Républiques, incapables de diriger une révolution qui n'avait rien à imiter et tout à créer, brillants à la surface et mauvais à l'user. La Gironde était un obstacle au triomphe de ses convictions. Mais il eût voulu l'écarter par l'ostracisme et non par l'échafaud.

Lorsqu'il entra dans Evreux après la victoire de Brécourt qu'il avait préparée, les Girondins avaient quitté cette ville, et la réaction, modérée par lui, se borna à des vengeances moins afflictives que retentissantes. L'effigie de Buzot fut livrée aux flammes, sa maison fut rasée, et on éleva sur son emplacement une colonne destinée à être infamante. Robert Lindet réussit ainsi à détourner sur des images et des objets insensibles cette aveugle fureur populaire qui suit trop souvent les grandes chutes, injustes ou méritées. Deux personnes seulement durent être arrêtées. Il fallait les protéger contre leur propre imprudences. Aucun autre citoyen ne fut inquiété. Toutes les autorités qui fonctionnaient avant l'insurrection, excepté le Directoire du département, furent maintenues.

Dans le Calvados, où il se rendit ensuite, le même esprit d'apaisement guida la conduite de Robert Lindet. A Caen, ceux des administrateurs qui s'étaient le plus compromis se cachèrent. On les rechercha avec mollesse. Il n'y eut point de persécutions (2).

(1) Voir *Notices pour servir à l'Histoire de la Révolution dans le département de l'Eure*, 1864. A Evreux, chez Huet ; à Rouen, chez Lebrument ; à Caen, chez Legost-Clérisse.

(2) *Souvenirs de l'Insurrection normande*, page 269. Discours de Lindet, du 2 germinal an III : « Je savais que plusieurs citoyens frappés de décrets « d'accusation étaient cachés dans le district et dans la commune même de « Caen. Plusieurs de ces citoyens trouvèrent la facilité de me faire parvenir « des lettres sans que je susse le lieu de leur retraite et je ne pensais pas « que pour parvenir à le savoir, il me fut permis d'inquiéter leurs familles. »

De retour à Paris le 14 ou le 15 brumaire (4 ou 5 novembre 1793), Robert Lindet s'apprêtait à présenter à l'Assemblée nationale le tableau de la pacification des départements de l'ouest rentrés dans l'ordre et l'obéissance sans qu'une seule goutte de sang eut été répandue. Mais il se trouva en présence d'une opinion surexcitée jusqu'à la fureur contre les fédéralistes. Les orateurs des clubs tonnaient contre eux, les journaux des faubourgs leur attribuaient les agitations du Midi, l'insurrection lyonnaise, et la trahison qui avait livré Toulon aux Anglais. Robert Lindet comprit que s'il montait à la tribune pour déposer le compte-rendu de sa mission, il ne pourrait, quelque clémentes que fussent ses conclusions, soustraire l'Eure et le Calvados au sort dont étaient menacés la Gironde et le Rhône. Il fit à la vie et à la liberté de ses compatriotes le sacrifice de son légitime orgueil, et prit la résolution de différer la lecture de son rapport plutôt que d'exposer son œuvre à être souillée par des cruautés. Pour expliquer son silence, il allégua l'immensité des travaux dont il était chargé, et réellement, il s'y ensevelit (1).

Dans le même temps, les hommes et les circonstances semblaient se conjurer pour déjouer ses desseins.

Les rancunes et les inimitiés locales que Lindet avait méprisées, dont il avait refusé de se faire l'instrument, avaient survécu à son passage, et après son départ elles avaient éclaté avec violence à Evreux et à Conches.

Le 22 septembre 1793 (1ᵉʳ vendémiaire an II), les deux sections d'Evreux avaient été convoquées pour élire, conformément au décret du 21 mars précédent non encore exécuté dans cette ville, les comités de surveillance auxquels la police politique devait être attribuée. Le résultat de ces élections obtenu par une majorité d'hommes sincèrement ralliés au gouvernement de la République mais ennemis de ses excès, trompa l'attente d'un petit nombre d'individus qui,

(1) Voir dans M. Thiers la distinction à faire, dans les membres du Comité de salut public, entre les hommes de *haute main*, Robespierre, Couthon, Saint-Just, et les hommes d'*examen*, Carnot, Robert Lindet, Prieur (de la Côte-d'Or).

pour satisfaire leurs passions et leurs intérêts, ne reculèrent pas devant la pensée de déchaîner sur la cité le fléau des représailles politiques.

Le hasard les favorisait. Robert Lindet avait eu pour successeurs, comme représentants du peuple en mission dans l'Ouest, trois hommes qui n'étaient pas animés des mêmes intentions que lui.

Legendre, ex-boucher, appartenait à la députation de Paris ; quelques-unes des scènes sanglantes du commencement de la Révolution, auxquelles il avait pris part, avaient fondé sa popularité. Il paraissait en public, vêtu d'un ignoble gilet à manches, coiffé d'une casquette, comme s'il eut été prêt à faire acte de son ancien métier (1).

Lacroix, né à Pont-Audemer, en 1754, d'une bonne souche bourgeoise, était un personnage tout différent. Ses traits étaient réguliers, sa taille était belle et élevée (2). Jeune, il s'était engagé dans la Gendarmerie de France. Après la suppression de ce corps, il s'était mis à étudier le droit, et était allé s'établir avocat au Bailliage d'Anet où il avait acquis une certaine réputation. Lacroix n'était pas, comme son collègue Legendre, cruel par état et par tempérament ; mais il avait à faire oublier par des marques de zèle les concussions qu'on lui avait reprochées commises en Belgique, au temps de Dumouriez. Sous l'habit théâtral de représentant du peuple, il montrait la tenue irréprochable d'un ancien militaire, et il avait dans ses allocutions, l'emphase d'un nouvel avocat.

Lacroix et Legendre étaient suivis de l'obscur Louchet, Lepidus de ce triumvirat.

Ils avaient été envoyés dans l'Ouest par décrets en date des 23-24 août 1793, avec ordre de faire exécuter toutes les mesures révolutionnaires adoptées par la Convention pour effrayer les ennemis de l'intérieur et notamment ceux qui avaient conspiré contre la souveraineté du peuple et l'indivisibilité de la République.

(1) *Mémoires d'un Bourgeois d'Evreux*, p. 71, la note.

(2) Lorsqu'il fut arrêté avec Danton et conduit au Luxembourg, un détenu, appelé Laroche-du-Maine, dit en le voyant passer : « Voilà de quoi faire un beau cocher. » *Almanach des Prisons*, 4ᵉ édition, p. 82.

Des relations d'affaires s'étaient autrefois nouées entre l'avocat d'Anet et un nommé Hullot, homme de loi à Evreux , nommé , en 1790, lors de l'organisation des municipalités, procureur de la commune, mais qui, depuis, avait été exclu de toutes les fonctions publiques. « Cet homme naturellement méchant, ambitieux , vindicatif, « intriguant, n'affectait le patriotisme que pour obtenir quelque place « lucrative (1). »

Au moment où les élections pour les comités de surveillance dont nous avons parlé s'accomplissaient à Evreux, Lacroix, Legendre et Louchet étaient au Havre. Hullot leur écrivit que les comités nommés par les sections étaient composés de ces aristocrates et de ces ennemis de la République contre lesquels ils avaient à sévir. Une telle manœuvre eut le succès que son auteur en espérait. Les représentants du peuple rendirent un arrêté, portant la date du 27 septembre, qui cassait les élections du 22 , défendait aux sections de s'assembler pour en faire de nouvelles et établissait d'office, sur toute la ville, un comité de sûreté publique.

Les pouvoirs de ce Conseil étaient redoutables. Il avait le droit de requérir la force armée, et celui de faire arrêter tous les gens suspects d'incivisme et d'aristocratie, les malveillants, les partisans de la royauté et du fédéralisme, larges catégories dans lesquelles il était facile de faire entrer une population toute entière. Aucune autorité ne pouvait contrarier ou retarder l'exécution de ses ordres. Il ne devait compte qu'aux représentants du peuple de ses résolutions et de ses actes. Le nombre de ses membres était de douze. Ils pouvaient délibérer à sept.

Le Comité à la dictature duquel la ville d'Evreux allait être livrée fut composé d'après les indications de Hullot. Lui-même s'en nomma le chef. Il s'adjoignit, comme vice-président, un médecin qui devait , quelques jours plus tard, être institué par Lacroix et Legendre , maire d'Evreux. Le nom singulier de cet homme , Brisorgueil, contribua, selon quelque vraisemblance, à le jeter dans le

(1) Précis des événements qui ont eu lieu à Evreux, après le 31 mai , inséré dans les *Mémoires* de Buzot, p. 248.

parti ultra-démagogique où nous le trouvons (1). Ses collègues furent des artisans, deux perruquiers, un menuisier, un bourrelier, un charron, un cordonnier.....

L'arrêté du 27 septembre, proclamé le 29 à Evreux, au son du tambour, fut notifié le 30 aux officiers municipaux.

Dans la nuit du 30 septembre au 1er octobre, voulant faire sentir le poids de son pouvoir, le Comité des Douze ordonna l'arrestation de Jérome Letellier. Puis les incarcérations se succédèrent sans interruption. La nuit du 4 au 5 octobre vit arracher de leur domicile et traîner dans la maison d'arrêt vingt-huit personnes, hommes, femmes, vieillards. Evreux devint en proie à la terreur (2).

Lacroix, Legendre et Louchet y arrivèrent le 18 novembre 1793. Le triage des détenus qui devaient être livrés à la procédure ténébreuse que l'accusateur public au Tribunal révolutionnaire de Paris ourdissait contre les fédéralistes, avait été, en apparence, réservé aux représentants du peuple, mais ce furent les membres du Comité de surveillance qui firent les fatales désignations.

---

(1) Brisorgueil fut maire d'Evreux pendant toute la Terreur. Nous devons dire qu'après le 9 thermidor, en pleine réaction, il obtint du conseil municipal un certificat attestant que, « dans ses fonctions, il s'était comporté avec « intégrité, impartialité et humanité ; que sa conduite administrative et « privée lui avait valu l'estime et la confiance de tous les citoyens. (Reg. de « la commune.)

(2) Il y eut cependant avec les membres du Conseil de surveillance certains accommodements. Des détenus riches obtinrent quelque fois leur mise en liberté provisoire. Voici quelques exemples recueillis sur le registre des pétitions des prisonniers :

Du 9 octobre; Legendre, autorisé à aller à Louviers pendant dix jours, accompagné d'un garde national.

Du 12 octobre, mise en liberté, sous la garde d'un sans-culotte, des trois sœurs D***, qui paraissent nécessaires à leur belle-sœur, actuellement enceinte.

Du 12 octobre, élargissement du citoyen de F*** B***d, sous la garde d'un sans-culotte ; il devra réintégrer la prison aussitôt que la maladie de son épouse sera cessée.

Le premier nom prononcé devait être celui de Jérôme Letellier. Letellier, d'une excellente famille, avait reçu une éducation distinguée. L'élévation et la bienveillance de son caractère lui avaient attiré l'affection et la considération publiques. Il était apothicaire et demeurait sur la place du Grand-Carrefour. Nommé maire en 1790, il s'était montré, dans ces difficiles fonctions, administrateur ferme, habile et conciliant. En novembre 1791, son mandat expiré, il était rentré dans la vie privée. Tout entier à la passion qu'il éprouvait pour une jeune fille dont la main lui était promise, il n'avait pris aucune part aux événements politiques de juin et de juillet 1793. Cette attitude avait pu être d'autant mieux constatée qu'elle avait dû paraître plus extraordinaire. Jérôme Letellier était en effet l'ami le plus cher de Buzot, l'un des instigateurs de ces mêmes événements ; mais on ne lui tint nul compte de son abstention (1).

(1) Le nom de Letellier, depuis la publication, en 1864, des dernières lettres de Mme Roland, a franchi les limites de l'histoire locale. Seul il avait été initié au secret des rapports qui existaient entre Buzot et Mme Roland. Au moment de partir pour Caen, le député fugitif lui avait remis en dépôt les objets qui lui étaient les plus chers, sa correspondance avec Mme Roland, le portrait qu'il avait reçu d'elle en échange du sien et un manuscrit, œuvre de celle-ci. Plus tard, du fond des grottes de Saint-Emilion où il s'était réfugié, Buzot adressait à Letellier une lettre non datée, mais qui fut certainement écrite peu de temps après le 8 novembre 1793, jour de la mort de Mme Roland. Quand cette nouvelle lui était parvenue, Buzot avait pris la résolution de ne pas survivre à celle qu'il avait aimée. C'est à ce projet de suicide, dont on parvint à empêcher l'exécution, qu'il fait allusion dans la lettre destinée à Letellier : « J'ai hésité longtemps à vous écrire, je crai-
« gnais de vous compromettre. Mais la personne qui se charge de ma lettre
« est sûre. Vous ne la recevrez que dans un temps où l'on pourra, sans danger,
« vous la faire parvenir. Moi aussi j'ai bien souffert, je souffre bien encore,
« mais le terme de mes souffrances est bientôt arrivé, et je ne regrette pas
« plus le passé que je ne crains l'avenir... Quand je ne serai plus, je vivrai
« encore dans votre cœur, car je suis sûr que vous m'aimez. Je ne vous dirai
« rien de ce qui se passe sous vos yeux, cela fait frémir d'horreur. *Elle* n'est
« plus ! mon ami ! *Elle* n'est plus ! les scélérats l'ont assassinée. Jugez s'il
« me reste quelque chose à regretter sur la terre. Quand vous apprendrez

Onze autres citoyens furent encore désignés : Gardenbas, Rigault, Legendre, Ménard, Talibon, Gautier, Chouard, Cherchin, Pain, Girard, Labbé dit Chieusse.

Ce dernier était le concierge même de la prison. Sa place était convoitée par un membre du Conseil de surveillance nommé Lebrun.

On fit un crime à Chieusse d'avoir obéi aux ordres du gouvernement insurrectionnel, il fut destitué et promis au Tribunal révolutionnaire (1).

La translation de ces prisonniers à Paris fut fixée au 14 nivôse an II (3 janvier 1794) ; mais dans la nuit du 13 au 14, Jérôme Letellier, qui avait été placé dans l'ancien couvent des Ursulines

« ma mort vous brulerez ses lettres. Je ne sais pourquoi je désire que vous « gardiez pour vous seul un portrait..... Vous nous étiez également chers à tous les deux !...» Avant la découverte de cette lettre on savait déjà par les *Mémoires* de Buzot qu'un dépôt avait été confié par celui-ci à Letellier, mais on ignorait que l'original du portrait, l'auteur du manuscrit et des lettres fût Mme Roland. On lit, en effet, à la page 136 de ces *Mémoires* : « Un bon « ami que j'ai à Evreux a dans ses mains un manuscrit précieux que je le « prie de remettre dans deux ou trois ans à la jeune fille de la personne qui « en est l'auteur, si moi, je ne suis plus. Les lettres qu'il possède encore, « il faudra les jeter aux flammes, et je lui fais présent du portrait comme « gage de mon amitié. »

Ce manuscrit, ces lettres et ce portrait n'ont point encore été retrouvés. Tout porte à croire que Letellier les aura détruits avant de se donner la mort.

(1) En floréal an III, Chieusse fut réintégré dans ses fonctions. Voici le texte de la délibération du Conseil général de la commune relative à cet objet. « Considérant que Chieusse s'est toujours acquitté des devoirs de sa « place avec humanité, fidélité et intelligence ; que sa destitution a été pro- « voquée par la dénonciation du Comité de surveillance dont Lebrun était « membre, qualité à la faveur de laquelle ledit Lebrun a pu se procurer la « place de Concierge qu'il n'avait jamais occupée ; considérant les pertes et « les souffrances qu'a dû éprouver, pendant treize mois de détention, un ci- « toyen qui après avoir donné les preuves d'un dévoûment sincère à la cause « de la liberté s'est vu à la veille de perdre la vie sur un échafaud ; déclare « qu'il est dans les principes de la plus stricte justice de rétablir le citoyen « Chieusse dans sa place de concierge. »

converti en prison, se tua d'un coup de pistolet. Le malheureux n'avait pu surmonter son désespoir. Les autres détenus partirent sous l'escorte de la gendarmerie. A Paris, ils furent déposés à la Conciergerie (1).

Pendant le temps qui s'était écoulé entre le 13 novembre et le 3 janvier, les représentants du peuple n'étaient pas restés constamment à Evreux. Ils s'étaient rendus à Conches, ville déchirée comme le chef-lieu par des dissensions intestines (2).

Deux sociétés populaires s'y étaient formées, l'une le 30 septembre, l'autre le 1ᵉʳ octobre.

La première était composée de républicains modérés. Elle recevait sa direction de la municipalité où siégeaient MM. Nouvel, maire, Barbe, Laumonier, Echard, Langer, Lefebvre, officiers municipaux, de Fougy, procureur de la commune, Leroy, secrétaire. Pour connaître leurs opinions, il suffira de citer deux faits. En juin 1792, ils s'étaient opposés à la plantation d'un arbre de la Liberté, surmonté du bonnet rouge ; et, plus tard, ils avaient renvoyé au commissaire de la République la feuille destinée à recevoir la liste des suspects , avec ce mot : *Aucuns* (3).

(1) Ce fut dans ce séjour que Gardenbas rédigea pour lui et ses co-accusés une note justificative qui a été insérée par extraits dans le recueil des mémoires de Buzot.

(2) Conches, aujourd'hui déchue de sa splendeur, était, avant 1789, siége de bailliage royal, de vicomté, de grenier à sel, d'élection et de maîtrise des Eaux et Forêts. Elle possédait seize juges, dont six au Bailliage, et dix aux siéges d'exception, treize avocats plaidants et consultants, six procureurs. Cette réunion formait un noyau de société qui donnait à la petite capitale du pays d'Ouche les habitudes d'une ville lettrée, élégante et de plaisir. On l'appela le petit Coblentz. Beaucoup de familles considérables du département de l'Eure ont leur berceau à Conches.

(3) Quelques-uns de ces détails sont empruntés à un opuscule de la précieuse collection de M. Renard, de Caen. Il est daté du 22 nivóse an II, et intitulé : « La Société populaire des Amis de la Montagne de Conches aux « membres des Comités de surveillance et de sûreté générale de la Conven-« tion et à tous les amis de la vérité. »

La seconde réunion, dite des Amis de la Montagne, fidèle au programme politique de la célèbre Société à laquelle elle était affiliée , aspirait à usurper le pouvoir par la délation et se promettait de le conserver par la terreur. Son président était un nommé Raymond, ex-curé de Folleville, du district de Bernay. Cet homme avait d'abord écrit contre la constitution civile du Clergé et refusé le serment. Il avait ensuite juré, mais trop tard ; sa place était occupée, et il était resté dépossédé. Venu à Conches, il avait été nommé en avril 1792 aumônier de la garde nationale. Enfin, le 1ᵉʳ frimaire, il avait jeté au feu sa robe et ses lettres de prêtrise.

Un autre prêtre , l'abbé Forquet, faisait partie de la même association. Celui-ci, autrefois avocat au Conseil du Roi, comme Danton, avait sollicité et obtenu la cure de la paroisse de Portes, à une lieue de Conches. Lié avec Hullot, il s'était fait nommer commissaire de son canton.

Voulant renverser la municipalité, Raymond et Forquet devaient d'abord dissoudre la Société populaire qui lui prêtait son appui. Ils écrivirent à Hullot une dépêche où peignant avec des couleurs mensongères la résistance que rencontrait à Conches l'esprit révolutionnaire, ils affirmaient la nécessité d'intimider la population par un acte de vigueur (1). Ils eurent lieu d'être satisfaits. Le 7 octobre, une troupe armée, composée de trois cents hommes, gardes nationaux, chasseurs, vétérans, commandée par Brisorgueil, partit d'Evreux pour Conches où elle entra comme dans une ville conquise.

Ces soldats furent mis à la disposition de la Société des Amis de la Montagne ; comme autrefois les dragons de Louis XIV chez les Protestants, ils furent logés chez les membres de la Société rivale qui reçurent l'injonction de cesser de se réunir. Deux officiers muni-

(1) Réponse de Hullot à la Société populaire de la Montagne, en date du 4 octobre 1793. « La conduite et les intentions de la municipalité de Conches me sont connues par mon ami Forquet, commissaire de votre canton, un de vos membres. Je disposerai en votre faveur de la force armée dont j'ai la disposition la plus étendue. »

cipaux furent momentanément arrêtés (1). Les autres s'enfuirent ; après avoir erré quelques jours aux environs de Conches, ils rentrèrent en ville, mais ne se hasardèrent point à reprendre leurs fonctions.

L'arrivée des commissaires de la Convention fut annoncée pour le 8 frimaire (28 novembre 1793).

Les triumvirs s'étaient fait précéder par une lettre où l'on devine la main de Lacroix. Ils annonçaient l'intention de rendre justice à tous et de ne faire grâce à personne (2). Hullot leur avait fourni des renseignements. Le jour même de leur arrivée, ils se transportèrent, accompagnés de quatre commissaires de la Société de la Montagne à la maison commune, où le registre des délibérations municipales leur fut représenté. Sur ce livre, ils trouvèrent, à la date du 19 juillet 1792, une adresse votée par la municipalité à l'Assemblée législative (3). Elle était conçue dans les termes suivants : « Oui, législa-« teurs, la patrie est en danger ! vos frères sont sur la frontière pour « vous préserver des ennemis du dehors, mais, ils vous laissent une « plus grande victoire à remporter. Des factieux, des *Républicains* « sont dans l'intérieur du royaume. Ce sont là les plus redoutables « ennemis de la France. Ils veulent détruire ce que vous avez juré « de maintenir ! Ils osent demander une convention nationale ! Ils « se disent amis de la constitution, et ils abusent d'un nom sacré. « Français, réveillez-vous ! L'hydre que vous avez à combattre est « prête à vous foudroyer. Cette secte ennemie n'est redoutable que « parce qu'elle ose consommer tous les crimes ! Vos représentants « constituants ont décrété que la France était une Monarchie ; les « destins vous ont donné le meilleur des rois, défendez-le de tigres « qui veulent le déchirer. Voilà le véritable danger de la Patrie ! »

Quand on leur opposa ce document, les officiers municipaux répondirent qu'à la date où il avait été voté, peu après la première

____

(1) MM. de Fougy et Laumônier. (Registre d'écrou de la prison d'Évreux.)

(2) Traditions recueillies à Conches par M. Laumônier, bibliothécaire de la ville, et M. Martin, juge de paix.

(3) Registre des délibérations de la commune de Conches.

invasion des Tuileries, il était parfaitement constitutionnel ; ils ajoutèrent qu'il était beaucoup moins énergiquement motivé que les adresses de beaucoup d'autres autorités constituées, envoyées à propos des mêmes événements, dont l'Assemblée législative avait ordonné l'impression (1).

Cette justification ne fut point accueillie , et les représentants se firent délivrer un extrait du Registre.

Ce n'était pas tout.

Deux jours avant le combat de Brécourt, alors que la ville d'Evreux était au pouvoir des rebelles, les chefs de l'insurrection avaient envoyé chercher par une escouade de gendarmerie, sous le commandement de Gautier, à la forge des Vaux-Gouins, près Conches, des boulets que l'on fondait pour le compte du gouvernement, en exécution d'un marché passé, en septembre 1792 , avec le ministre de la guerre de la seconde administration girondine. Nous savons qu'inutiles munitions, ces projectiles devaient être retrouvés , après la défaite de Puisaye, abandonnés dans l'enceinte de la cour du château de Brécourt (2). Loin d'avoir prêté les mains à cette voie de fait, les officiers municipaux n'avaient fait que céder à la force, et le jour même de l'enlèvement des boulets, ils avaient pris une délibération où il était dit qu'ils entendaient protester contre la teneur des arrêtés du département et jurer haine au Fédéralisme (3). Cependant, ne prêtant qu'aux faux rapports une oreille attentive, les représentants du peuple dressèrent un procès-verbal duquel il résultait « que les boulets

(1) Ils auraient pu citer notamment l'adresse du Directoire du département de l'Eure qui contenait ces passages :

« La journée du 20 juin a répandu dans le département de l'Eure, le deuil « et la consternation. La nation a été insultée , la loi violée , la royauté « avilie !... qu'elle est donc cette faction puissante qui, en enfreignant toutes « les lois, et bravant avec audace les autorités constituées, envoie insolem- « ment ses dociles émissaires violer la majesté nationale et dicter en quelque « sorte des lois à ceux qui sont envoyés pour en faire ? » Registre des délibérations du Directoire.

(2) Notice sur le combat de Brécourt.

(3) Registre des délibérations de la commune de Conches.

« de la forge des Vaux-Gouins avaient été délivrés par le greffier de
« la municipalité de Conches aux gendarmes envoyés par l'adminis-
« tration révoltée de l'Eure ; que la municipalité n'avait rien fait
« pour empêcher cet enlèvement ; qu'elle n'avait opposé aucune
« résistance ; qu'elle n'avait fait aucune réquisition à la garde na-
« tionale ; qu'elle n'avait point dénoncé aux citoyens l'ordre du dé-
« partement révolté, qu'elle avait obéi à cet ordre au lieu de faire
« arrêter les gendarmes, que par là elle avait fourni à l'administra-
« tion de l'Eure des armes contre la République (1). »

Voyant ainsi tous leurs moyens de défense rejetés de parti-pris,
les municipaux demandèrent que les citoyens de la commune fussent convoqués et consultés sur le traitement qui devait leur être
appliqué. Mais cet appel au peuple, d'où serait sortie la condam-
nation de Raymond et de Forquet, fut repoussé par ce motif, fami-
lier aux minorités momentanément triomphantes, que la majorité sé-
duite et trompée ne pouvait prononcer sur le sort de ses corrupteurs.

Lacroix et Legendre ordonnèrent donc que les membres de la
municipalité de Conches seraient arrêtés et transférés à Paris pour
être traduits au Tribunal révolutionnaire.

Ces ordres furent exécutés sans délai. On trouve la mention du
passage des prisonniers par Evreux, sur le registre d'écrou de la
maison d'arrêt, à la date du 10 frimaire an II (30 novembre 1793)
un seul, M. de Fougy, procureur de la commune, avait pu s'enfuir ;
mais cédant aux conseils de sa famille, il ne tarda pas à aller volon-
tairement rejoindre ses co-accusés (2).

(1) Archives de l'Empire.
(2) Discours de R. Lindet du 2 germinal an III : « Le procureur de la com-
« mune de Conches s'était soustrait à l'arrestation. Sa famille éplorée me
« demanda ce qu'il devait faire, s'il devait se présenter dans une maison
« d'arrêt ou rester caché dans l'asile où il s'était réfugié. Une loi proscrivait
« tous les citoyens qui prenaient la fuite pour se soustraire à un mandat
« d'arrestation. Mon avis fut que le procureur de la commune de Conches
« devait se réunir aux officiers municipaux et se rendre dans une maison
« d'arrêt de Paris. J'osai donner ce conseil à sa femme et à ses enfants ;
« je ne voyais que la loi. »

Suivant une tradition qui n'a rien d'invraisemblable, les officiers municipaux de Conches, lorsqu'ils traversèrent les rues de Paris, signalés à la foule comme fédéralistes, faillirent être arrachés de leur voiture et massacrés. Ils furent conduits à la Conciergerie où leur entrée précéda d'un mois celle des prisonniers d'Evreux.

Les représentants du peuple quittèrent Conches après avoir institué une nouvelle municipalité et nommé Raymond président du Conseil de surveillance.

Il y avait alors à Conches une jeune fille nommée Eulalie Savarre, issue d'une famille de commerçants aisés, qui joignait aux grâces extérieures une âme capable de concevoir de hardis projets. Elle avait assisté, au milieu d'une population indignée mais terrifiée, à l'arrestation des officiers municipaux ; elle avait été témoin de la douleur de leurs proches. Comme Charlotte Corday, dont l'intrépidité avait rempli d'enthousiasme le cœur de plus d'une jeune Normande, elle partit pour Paris.

Elle avait dans la grande ville un parent, un ami, — peut-être un fiancé — François Savarre, originaire de la Ferrière-sur-Risle.

Celui-ci, homme de trente-trois ans, clerc de procureur, avant 1789, s'était, comme beaucoup de ses pareils, lancé de toutes ses forces dans le mouvement révolutionnaire. Il s'était laissé entraîner jusqu'à publier un éloge de Marat. Mais cette composition sur un sujet où il s'était rencontré avec un grand nombre de concurrents encore plus exaltés que lui, ne l'avait pas conduit à la renommée. Il s'était fait défenseur officieux devant les tribunaux criminels, et témoin des arrêts qui ensanglantaient chaque jour leurs degrés, son ardeur s'était singulièrement attiédie. — M. Nouvel, maire de Conches, était son allié.

Eulalie Savarre, faisant appel à tous les sentiments généreux de son cousin, invoquant les droits de l'humanité et ceux de la communauté d'origine, n'eut pas de peine à lui faire accepter la défense des officiers municipaux de Conches. Celui-ci promit de s'y dévouer tout entier.

Le 27 frimaire an II (17 décembre 1793), Savarre déposait au

Comité de sûreté générale de la Convention un mémoire, souscrit de sa signature, où les accusations dirigées contre la municipalité de Conches étaient discutées et facilement réfutées. Il eut l'imprudence de ne pas se borner à la défense. Attaquant à son tour la conduite de Lacroix et de ses collègues pendant leur mission, il disait qu'envoyés dans le département de l'Eure pour y régénérer les autorités, ils s'étaient environnés de ce qu'ils avaient trouvé de plus taré et de plus impur. Il ajoutait que les mesures prises par eux à Conches , loin d'avoir été inspirées par l'amour du bien général, tenaient à un vaste plan de conspiration contre la République dont, lui, Savarre, dévoilerait un jour les criminels auteurs, quel que fut leur crédit. En un mot, il dénonçait les dénonciateurs.

Savarre fit imprimer ce mémoire, et il en répandit de nombreux exemplaires dans le canton de Conches.

Il osa plus encore ; informé que l'abbé Raymond et le commandant de la garde nationale de Conches, venaient d'arriver à Paris, et craignant leurs menées, il obtint, à la date du 8 nivôse (28 décembre), un arrêté de sa section pour les faire arrêter. On les écroua aux Madelonnettes.

La Société des Amis de la Montagne de Conches, prévenue de ce dernier événement, se hâta de députer à Paris deux de ses membres ; mais ceux-ci s'étant adressés à Robert Lindet, voici en quels termes ils durent rendre compte à leurs commettants de l'issue de leur ambassade : «Ce député que nous avons trouvé prévenu contre nous,
« sans vouloir seulement nous entendre, sans nous permettre de nous
« expliquer sur l'objet de notre mission, sur les intentions patrioti-
« ques et républicaines de la Société qui nous envoyait, nous a trai-
« tés comme les plus cruels ennemis de la patrie, comme des mons-
«tres altérés de sang qui n'avaient d'autre projet que de rallumer
«dans dix départements à la fois le feu de la guerre civile qu'il était
« parvenu à éteindre par les seuls moyens de la prudence et de la
« sagesse, et dont il s'occupait encore, sans relâche, d'étouffer par
« les mêmes moyens, jusqu'à la dernière étincelle. Etonnés et révol-
« tés d'une inculpation si inattendue, il nous était facile de la détruire,

« mais on nous impose le silence humiliant du coupable ; on nous
« ordonne de retourner sans bruit dans notre commune. Nous avons
« dû nous retirer... »

Lacroix et Legendre, qui étaient encore à Evreux, sollicitèrent
aussi, par une lettre du 14 nivôse, la mise en liberté des deux personnes incarcérées ; mais, tout puissants lorsqu'il s'agissait d'ouvrir les portes des prisons pour la captivité, ils ne pouvaient rien
pour la délivrance. L'arrestation fut maintenue.

Cependant ces différentes péripéties n'arrêtaient pas la procédure
commencée contre les officiers municipaux de Conches devant le Tribunal révolutionnaire. Eulalie Savarre, dont le courage croissait
avec le danger, multipliait ses efforts. Juges, jurés et membres des
Comités étaient visités par elle. Comme elle venait du pays de Charlotte Corday, qu'elle en avait le costume et l'accent, rarement elle
était reçue. Un de ces hommes pourtant l'ayant admise, se sentit
ému par sa jeunesse et par ses larmes, et lui dit : « Partez ! retirez-
« vous ! vous ne sauverez pas ceux à qui vous vous intéressez et vous
« courez risque de périr avec eux (1). »

Le 11 nivôse (10 janvier 1794), on notifia aux détenus leur acte
d'accusation. Ils furent cités, pour le 16, à comparaître devant le
tribunal.

Robert Lindet, absorbé dans les soins de son ministère, et per-
suadé qu'aucune poursuite pour cause de fédéralisme ne serait me-
née à fin avant la lecture de ce fameux rapport qu'il promettait toujours et ne remettait jamais, était loin de s'attendre à ce brusque dé-
noûment. La nouvelle qui lui en fut portée le troubla affreusement.
On voulait, se dit-il, dévouer à la mort la municipalité de Conches,
afin de commencer par elle les sanglantes exécutions qu'on se pro-
posait de faire dans ces départements, un moment égarés, qu'il
avait pacifiés en prononçant les mots d'amnistie et d'oubli. Le péril
était extrême. Pour le conjurer, il fallait agir rapidement et énergiquement. Robert Lindet appela plusieurs fois Savarre, et il convint
avec celui-ci qu'on le ferait assigner comme témoin, en sa qualité

(1) Tradition recueillie à Conches par M. Laumônier.

de représentant du peuple ayant été chargé d'une mission en Normandie.

Cela fut exécuté ; et, quand la cédule lui eut été délivrée, Robert Lindet écrivit à l'accusateur public qu'appelé à déposer dans le procès des habitants de Conches, et ayant d'importantes révélations à faire, il le priait de l'informer de l'heure à laquelle il devrait se présenter devant le tribunal. L'accusateur public, qui ne démêlait pas clairement les intentions de Lindet, lui répondit qu'il pouvait être tranquille, et qu'il le ferait prévenir si sa présence était nécessaire.

L'échéance fatale était arrivée.

Le 5 janvier 1794, dans la matinée, les officiers municipaux de Conches furent extraits de la Conciergerie et amenés sur les gradins. Les débats s'ouvrirent.

Raymond et son acolyte, enfermés aux Madelonnettes, manquaient à l'accusation. Aucun autre témoin à charge n'avait été cité, et, l'accusateur public, oublieux de sa promesse, n'avait point fait avertir Robert Lindet. Mais les jurés étaient autorisés à former leur conviction sur des preuves littérales, et on produisait l'expédition de cette délibération du 29 janvier 1792 où les républicains étaient désignés comme les plus redoutables ennemis de la France, et le procès-verbal dressé, le 9 frimaire, à Conches, par Lacroix et Legendre sous la dictée des dénonciateurs de la municipalité. Lecture fut donnée de ces deux pièces. Les accusés subirent un interrogatoire sommaire dont la tradition nous a conservé un échantillon. Quand on leur reprocha de n'avoir point empêché l'enlèvement des boulets de la forge des Vaux-Gouins, ils dirent qu'ils n'avaient point d'armes. — « Point d'armes ! leur répondit le président, n'aviez-vous pas des « dents ? il fallait mordre ! » Savarre essaya de prononcer leur défense ; mais ces débats avaient déjà trop duré au gré de l'impatience des jurés. Ils se levaient pour émettre leur vote ; le verdict de mort allait être rendu.... lorsque parut Robert Lindet.

Interprétant dans le sens le plus menaçant pour ses compatriotes le silence gardé à son égard par l'accusateur public, il avait cherché, depuis les premières heures du jour, à rencontrer ses collègues du

Comité. Il n'avait pu trouver que Barrère et Carnot dont il avait obtenu, pour son projet, l'assentiment. Son arrivée fit suspendre la délibération. Il demanda à être entendu, et ennemi des tours oratoires, il alla droit au fait : « L'accusation portée contre les prison-« niers est, dit-il, une accusation de fédéralisme. Vous voyez en moi « le premier commissaire envoyé dans les départements confédérés. « La Convention doit prochainement entendre mon rapport sur l'en-« semble de cette conspiration dont les faits reprochés à la munici-« palité de Conches ne sont qu'un petit chaînon. Il faut que la ques-« tion politique soit tranchée avant qu'aucune décision judiciaire « puisse intervenir. Veuillez donc attendre le vote de la Convention. »

L'accusateur public fit observer que la culpabilité des officiers municipaux de Conches était établie par des preuves légales, que le jury était suffisamment éclairé et ne demandait pas d'autres informations. Cependant comme Robert Lindet insistait et mettait en avant son caractère de membre du Comité de salut public, le tribunal accorda le renvoi de l'affaire.

Ce succès était si inespéré qu'à l'issue de l'audience Eulalie Savarre écrivait à Conches, d'une main frémissante : « Le jour de « la délivrance approche ! c'est à nos ennemis de trembler à leur « tour !... »

Le soir les deux Comités de sûreté générale et de salut public se réunissaient. Robert Lindet communiqua à ses collègues ce qui s'était passé dans le jour. Pour justifier sa conduite, il revint sur les circonstances de sa mission dans l'Ouest, appuya sur la tendance particulière d'apaisement et de conciliation qu'elle avait eue, et déclara que son œuvre était compromise si l'on passait outre aux rigueurs dont les accusés de fédéralisme étaient menacés. Il dit qu'on s'exposait à faire éclater de nouveaux troubles, à réveiller l'insurrection normande, à susciter une nouvelle Charlotte Corday. « Nous avons, ajouta-t-il, « éclairé les départements, nous ne les avons pas vaincus. On ne « traite pas neuf départements confédérés, capables de former un « Etat, comme on traite des assassins. » Il conclut en demandant qu'un arrêté du gouvernement ordonnât la discontinuation des pour-

suites. — Des objections furent faites. « C'était, disaient quelques
« membres, créer un précédent fâcheux, interrompre le cours de la
« justice. » Robespierre se taisait. Après une assez longue délibération, il fut décidé non qu'un arrêté officiel serait rendu, mais qu'un
avertissement verbal serait donné à l'accusateur public d'avoir à suspendre, jusqu'à nouvel ordre, le procès des officiers municipaux de
Conches. Robert Lindet ne demandait pas plus. C'était leur vie qu'il
fallait conserver. Le lendemain, lorsque Fouquier-Tinville se pré-
senta, Robert Lindet lui-même lui signifia la résolution des comités.
Enfin jugeant qu'en pareille matière il n'y avait pas de précautions
excessives, le vigilant Lindet prit soin que les huit accusés fussent
retirés de la Conciergerie.

Les terroristes, ainsi déçus dans leurs sinistres desseins, jurèrent
de se venger.

Leur rage se tourna d'abord contre Savarre.

La dénonciation qu'il avait portée dans son mémoire contre l'administration de Lacroix et de Legendre prêta des armes contre lui.

Le 8 pluviôse an II (26 janvier 1794), il fut mandé devant le
Comité de sûreté générale. On le mit en demeure de prouver l'exis-
tence de cette grande conspiration contre la République qu'il avait
promis de dévoiler. Savarre ne pouvait le faire. Il dit que la conduite
des représentants du peuple dans l'Eure l'avait convaincu de la réa-
lité de ce complot, mais qu'en définitive ce n'était qu'une opinion
personnelle, sujette à vérification.

Séance tenante, sur la plainte de Lacroix, Savarre fut arrêté
comme calomniateur, conduit et écroué à la prison du Luxembourg.

Mais le pauvre défenseur officieux n'était pas une victime assez
illustre. On voulait atteindre Robert Lindet lui-même, et voici la
machination qui fut organisée.

Le 19 pluviôse an II (7 février 1794), une nouvelle députation de
la Société populaire des Amis de la Montagne de Conches se pré-
senta à la barre de la Convention, et réclama la mise en liberté de
l'abbé Raymond et de ses compagnons, arrêtés à Paris en nivôse et
non encore relâchés. Quand l'orateur Conchois eût terminé la lec-

ture de sa requête, Legendre, aposté, demanda la parole et déclara convertir en motion la pétition présentée. « Les deux citoyens dont « on vous parle doivent être, dit-il, renvoyés dans leur pays où leur « ardent patriotisme les appelle à rendre de grands services. » Mais bientôt, démasquant le véritable objet de son discours, Legendre s'indigna vertueusement « que la municipalité de Conches, coupable « des plus grands forfaits, envoyée par Lacroix et lui au tribunal « révolutionnaire eut trouvé des protecteurs parmi les membres de « la Convention pour la soustraire à la vengeance nationale, et que « Robert Lindet, puisqu'il fallait le nommer, non content d'avoir ob- « tenu que la procédure commencée contre les municipaux de Con- « ches fut suspendue, eût osé prendre sur lui d'ordonner la transla- « tion de ces prisonniers de la Conciergerie à Saint-Lazare. »

Robert Lindet, pendant que Legendre prononçait ce discours em- poisonné, était absent de la salle des séances. Averti par son frère, il quitte ses bureaux particuliers, il accourt et monte à la tribune. Mé- diocre improvisateur, il est obligé d'expliquer ses paroles devant le tribunal révolutionnaire , de rappeler la délibération des Comités et les ordres donnés à Fouquier-Tinville ; puis revenant aux faits qui avaient servi de prétexte à la mise en accusation de la municipalité de Conches , il ajoute que si des fautes ont été commises par cette municipalité, elles doivent être imputées à l'inexpérience, à la fai- blesse, à l'erreur....

Tenir un pareil langage à une époque où l'inexpérience, la fai- blesse et l'erreur étaient des crimes punis de mort, c'était de la part de Lindet oublier ces règles de prudence extraordinaire qui dictaient habituellement ses discours et dirigeaient ses actions. Il y fut rappelé par le morne silence qui s'étendit tout à coup sur la Convention. Ses yeux parcouraient les bancs de l'assemblée , cherchant ses collè- gues des Comités, et ne rencontraient que le visage pâle et glacé de Robespierre qui, impassible, ne cessait de le fixer. Asservie et trem- blante, la Convention n'attendait pour frapper qu'un signe du tyran... Ce fut Danton qui s'entremit, Danton fatigué de luttes et de proscrip- tions, rêvant, mais trop tard, le retour des lois humaines et le rappro-

chement des partis. « Lacroix et Legendre, dit-il, ont fait leur devoir.
« La municipalité de Conches était accusée d'un fait grave. Cette ac-
« cusation leur a paru mériter le renvoi des municipaux au tribunal
« révolutionnaire ; ils ont dû les y envoyer. Lindet a vu les choses
« autrement. Hé bien ! examinons, discutons froidement. Que
« Lacroix, Legendre et Lindet se concertent pour faire un rapport
« général à la Convention. »

Robert Lindet fit un signe d'assentiment. Lacroix déclara qu'il avait
prévenu le désir de son collègue Danton, qu'il était allé plusieurs
fois au Comité de salut public pour s'entendre avec Lindet, mais que,
toujours, par différentes raisons, il avait été éconduit. La discussion
fut close. L'assemblée rendit alors un décret qui peut être considéré
comme la dernière marque d'union des diverses fractions de la Montagne. La procédure suivie contre la municipalité de Conches demeurait indéfiniment suspendue, et la mise en liberté de l'abbé Raymond était ordonnée (1).

Deux mois ne s'étaient pas écoulés que Lacroix, coupable à son
tour de clémence et de modérantisme, était traîné avec Danton et
Camille Desmoulins devant l'impitoyable justice révolutionnaire.
Arrêté dans la nuit du 10 au 11 germinal de l'an X (29-30 mars 1794),
il reçut la mort le 16 du même mois.

Nous avons laissé Savarre au Luxembourg. Comme son incarcé-
ration n'avait pas eu d'autre cause que l'accusation portée par lui
contre Lacroix de conspirer contre la République, et que cette impu-
tation se trouvait justifiée, au moins implicitement, par la condamna-
tion de ce dernier, le Comité de sûreté générale signa l'ordre de mise
en liberté du défenseur officieux.

Savarre se crut sauvé. Il se trompait.

Pendant sa détention au Luxembourg, en ventôse, les misérables
inventeurs de la conspiration des prisons avaient mêlé son nom à
leurs délations. On lui attribuait certains mots du genre de ceux-ci :

---

(1) Ce n'est pas dans le *Moniteur* que l'on peut retrouver le compte-rendu
fidèle de cette mémorable séance du 19 pluviôse. Le rédacteur officiel inexact
ou influencé ne crut pas devoir ou n'osa recueillir tout ce qu'il avait entendu.

« Que bientôt les détenus sortiraient ; que les vrais patriotes seraient
« reconnus, et qu'il y aurait dans Paris un grand mouvement où l'on
« aurait besoin d'eux. » Interrogé, Savarre avait nié avoir proféré
de semblables discours, et il ne pensait pas que cette dénonciation
eût laissé de traces. Quel ne fut donc pas son effroi, lorsque, quelques jours après sa délivrance, jetant les yeux sur les feuilles publiques, il trouva son nom dans le corps de l'acte d'accusation dressé
par Fouquier-Tinville contre Gobelle, Chaumette, Dillon , Beysser
et Mme Camille-Desmoulins, accusés d'avoir conspiré au Luxembourg. On lisait en effet, dans cet acte daté du 19 germinal, ces lignes : « Le massacre des représentants du peuple et des patriotes
« était aussi un des moyens d'exécution de ce complot. Chaumette,
« Savarre, Beysser, ces agents de l'infâme faction des fédéralistes
« devaient tous concourir à ces assassinats... » Cependant, soit que
l'accusateur public eut omis de comprendre dans le dispositif de son
réquisitoire tous les individus qui figuraient dans l'exposé, soit que
le nom de Savarre eut été rayé de ce dispositif par une main étran-
gère (1), celui-ci ne fut point appelé devant le tribunal avec Gobel et
ses co-accusés qui, condamnés le 21 germinal, furent livrés le même
jour au supplice.

Mais il restait sous le coup d'un mandat d'arrêt non purgé.

La fuite lui était facile. Il était porteur d'un sauf-conduit que le
Comité de sûreté générale lui avait donné, lors de sa mise en liberté,
en le chargeant d'une mission secrète pour une ville voisine de la
frontière. — Ce détail permet d'imaginer les étranges conflits qui
pouvaient surgir, dans la pratique des affaires, des conditions d'in-
dépendance où vivaient, à l'égard les uns des autres, les divers mi-
nistres du gouvernement. Le même homme pouvait être, au même

---

(1) Robert Lindet avait écrit à Jagot, membre du Comité de sûreté générale, le billet suivant : « Je te recommande l'examen des motifs de l'arrestation de Savarre, je ne l'ai vu que pour des objets intéressant essentiel-
lement la tranquillité publique. Notamment dans l'affaire de la municipalité de Conches, il nous a épargné de funestes erreurs. » (Archives de l'Empire, dossier Savarre.)

moment, poursuivi comme conspirateur par le pouvoir judiciaire et investi d'un mandat de confiance par le pouvoir politique. — Mais Savarre, frappé de ce vertige auquel sont sujets ceux que l'abîme attire, demeura à Paris. Arrêté de nouveau, il fut placé à la Conciergerie.

On l'oubliait encore. Une démarche imprudente le perdit.

Eulalie Savarre était revenue à Conches. Croyant servir son cousin, elle adressait à l'accusateur public, le 25 floréal (15 mai 1794), une pétition souscrite de plus de deux cents signatures d'habitants de Conches qui, se qualifiant « pauvres et bornés en fortune mais riches en « zèle et en amour de la République, » réclamaient François Savarre. « Il a été, disait la supplique, le défenseur de notre pays, nous ne « pouvons croire qu'il soit devenu un conspirateur. » Intercéder auprès de Fouquier-Tinville en faveur d'un détenu, c'était lui indiquer une proie. Le 17 prairial, Savarre subit un nouvel interrogatoire, et, le 1er messidor, adjoint à un amalgame de quinze autres personnes, il comparaissait devant les jurés patriotes. L'état matériel de l'acte d'accusation révèle à l'œil le moins excercé que son nom n'avait pas été porté sur cette pièce lors de la première rédaction et qu'il y a été inséré après coup. Il avait demandé à être défendu par un de ses amis, le citoyen Villain. La loi du 22 prairial lui enlevait cette dernière consolation. Les accusés, qui ne se connaissaient pas les uns les autres, furent tous condamnés par le même arrêt. Savarre déclaré coupable d'avoir conspiré contre la sûreté et la liberté du peuple français, de complicité avec Hébert, Danton, Chaumette, Camille Desmoulins, et, cruelle ironie, avec Lacroix lui-même, périt ce jour, 1er messidor, rachetant par une mort imméritée ses premiers égarements (1).

(1) Son acte de décès ne fut porté sur les registres de l'état civil de la commune de Paris que le 9 messidor. — Nous avons dit que Savarre avait composé un éloge de Marat. La vérité ne nous permet pas de passer sous silence un renseignement extrait de *l'Almanach des Prisons*. Cet ouvrage, publié en l'an III, immédiatement après la chute de Robespierre a fourni une grande quantité d'anecdotes sur l'époque de la Terreur. On lit dans une rela-

Cette catastrophe rendit Eulalie Savarre folle de douleur ; elle remplit la ville de Conches de ses pleurs et de ses imprécations. Ni la crainte d'exposer les jours de son père déjà détenu comme suspect, ni le soin de son propre salut, ne parvinrent à arrêter sur ses lèvres les insultes et les sombres menaces dont elle poursuivait Raymond qui avait repris la présidence du Comité de surveillance. Ces attaques atteignirent un tel degré de gravité que, le 11 thermidor (27 juillet 1794), Raymond lança contre elle un mandat d'arrestation. Le passage de la prisonnière est marqué, à la date du 12 thermidor, sur les registres de la prison d'Evreux. Le même jour elle était dirigée sur Vernon.

tion concernant la prison du Luxembourg, relation dont l'auteur est inconnu, le passage suivant : « Vincent laissa dans la prison un scélérat associé aux « projets sanguinaires qu'il avait formés avec Hébert. C'était Savarre, d'hor- « rible mémoire, qui reçut à bras ouverts Grammont, Duret, Lapallu, char- « gés dès lors de l'exécration publique. » Ainsi, d'après l'écrivain anonyme, Savarre aurait appartenu à l'abominable faction qui eut pour chef Hébert, le témoin du procès de la Reine, et Vincent, jeune homme de vingt-deux ans, secrétaire général du ministère de la guerre, forcené sujet à des accès de can- nibalisme. Mais, dans la suite du récit, aucune preuve positive de cette asser- tion n'est rapportée ; et, en dehors de l'accueil qui aurait été fait par Savarre à certains détenus que la communauté du malheur rapprochait de lui, pas un fait n'est cité qui autorise à charger sa mémoire de cette épouvantable accusation. J'ajoute que les souvenirs consignés dans l'*Almanach des Prisons*, puisés à toutes sources, ont souvent été argués d'inexactitude. J'en citerai un seul exemple. Dans une brochure intitulée *Agonie de Saint-Lazare sous la tyrannie de Robespierre*, par Dussaulchoy, on lit à la dernière page : « Cette « édition était sur le point d'être terminée quand l'*Almanach des Prisons* a « paru. J'ai vu avec peine à l'article de la maison d'arrêt de Saint-Lazare « que l'auteur avait fait usage de notes perfides qui l'ont induit en erreur. « Sans le savoir, il s'est rendu l'instrument dont le crime se sert pour mas- « quer et pour égarer l'opinion publique. Les faits qu'il rapporte doivent « servir à l'histoire et il importe de ne les lui transmettre qu'authentiques « et dignes d'elle. » — Ces lignes nous permettent au moins de douter, en ce qui concerne François Savarre, de la fidélité des récits empruntés à l'*Al- manach des Prisons* et dont cependant nous n'avons pu nous taire.

La malheureuse jeune fille aurait probablement payé de sa vie l'explosion de son désespoir..... mais depuis trois jours s'accomplissaient à Paris des événements qui devaient sauver tant de têtes déjà marquées par le doigt de la mort. La Révolution du 9 thermidor, à laquelle on ne pouvait croire dans les provinces, était faite ; et au bout de quelques semaines le mandat décerné contre Eulalie Savarre fut levé.

Dans le même temps, les autres personnes détenues à Paris sous inculpation de fédéralisme et appartenant au département de l'Eure virent s'ouvrir devant elles les portes des prisons. Cherchin seul avait succombé aux épreuves de la captivité.

Le *Journal d'un Bourgeois d'Evreux* donne le date précise du retour des prisonniers dans cette ville, 3 octobre 1794, sans en raconter les détails.

A Conches, quoique leur rentrée dut se faire au milieu de la nuit, le peuple se porta sur leur passage. Des torches éclairaient leur marche, l'air retentissait de cris de joie, des vers étaient improvisés et chantés en leur honneur. Au milieu d'eux, s'avançait Eulalie Savarre qu'ils se plaisaient à appeler leur gardienne et leur libératrice, et dont le nom, disaient-ils, serait sauvé par l'histoire des injures de l'oubli.

Quelques-uns aussi prononçaient le nom de François Savarre....

Quand à Robert Lindet, s'il avait pu échapper aux implacables lois des réactions politiques, il aurait été protégé par le souvenir de la tutelle infatigable dont nous avons vu qu'il avait entouré ses compatriotes pendant la Terreur.

Après thermidor sa situation sembla un instant dominer toutes les autres. Membre du gouvernement qui venait d'être renversé, l'opinion ne le confondait pas avec ses collègues abhorrés. Vainqueurs et vaincus le prirent pour arbitre. Ce fut lui qui rédigea le fameux compte-rendu du quatrième jour complémentaire de l'an II (20 septembre 1794). En dressant avec une mâle impartialité le bilan du passé, il montra d'une main ferme le but auquel devait tendre l'avenir. Les survivants des hommes qui avaient conduit le char de la Révolution

depuis son entrée dans la carrière furent adjurés par lui « de cesser
« de se reprocher les uns aux autres les fautes qu'ils avaient pu com-
« mettre alors qu'ils étaient jetés à une distance infinie du cours or-
« dinaire de la vie, » Les applaudissements de toute l'assemblée lui
répondirent.

Ce triomphe devait être de courte durée.

Dès le mois de germinal an III, Robert Lindet était obligé de
composer un long discours pour justifier sa participation à l'administration des anciens Comités de sûreté générale et de salut public.

Pendant qu'il le prononçait à la tribune, les interruptions par-
taient de tous les côtés de la salle, les unes ironiques, les autres sanglantes. Il fut obligé de laisser son frère terminer la lecture de son
manuscrit, et il eut la douleur d'entendre la Convention refuser d'en
ordonner l'impression.

Dans la séance du 1ᵉʳ prairial, après que l'Assemblée eût décrété
d'accusation Romme, Prieur (de la Marne), Duroy, Bourbotte, et
quelques autres qui, la veille, avaient pactisé avec une insurrection,
un membre de la Convention se leva, et, quoique le nom de R. Lindet
n'eût été cité par personne « Il existe encore, dit-il, un monstre dans
« votre sein. C'est Lindet ! si les autres avaient été aussi astucieux
« que lui, nous gémirions encore sous la tyrannie ; je demande son
« arrestation. » La famille du député qui parlait ainsi n'avait été
sauvée pendant la Terreur que par l'intervention de Robert Lindet.
Tout le monde le savait. Aussi l'Assemblée resta-t-elle un moment
interdite et confuse de l'indécence de cette dénonciation. Profitant
du temps pendant lequel dura l'oscillation, Thomas Lindet demanda
qu'on consultât les départements de l'Eure et du Calvados ; un cer-
tain nombre de voix se joignirent à la sienne ; l'ordre du jour fut
adopté.

Mais, le 9 prairial, une nouvelle proposition tendant à l'arrestation de Robert Lindet fut portée à la tribune par un des girondins re-
venus de l'exil, Henri Larivière. Elle fut appuyée — qui pourra s'en
étonner ? — par Legendre. « Oubliez-vous donc, s'écria Doulcet de
« Pontécoulant, en assénant un regard sur l'ancien boucher, qu'il a

« été chercher jusque sur le siége fatal la municipalité de Conches? »
Legendre se tut. Mais Larivière : « Toujours, dit-il, les scélérats
« ont une bonne action à invoquer en leur faveur. » A ces mots, Robert Lindet voulut parler : « Je n'ai jamais été l'ami de Robespierre,
« j'ai toujours vécu isolé ! » Des clameurs furieuses couvrirent sa
voix. Sa mise en arrestation fut décrétée, et, si l'on en croit le *Moniteur*, cette résolution aurait été, par un retour inexplicable d'opinions, votée à l'unanimité.

Il faut pour nous consoler d'un semblable spectacle constater que
les départements dont le témoignage avait été imploré en faveur de
Robert Lindet répondirent à cet appel. Evreux, Pacy, Bernay, Vernon, les Andelys, Caen, Bayeux, Pont-l'Evêque , plusieurs autres
villes envoyèrent à la Convention de chaleureuses adresses pour pro-
clamer la sagesse et l'humanité de celui qui avait été leur patron.
Le jour de son arrestation fut un jour de deuil pour l'Eure et pour le
Calvados.

Robert Lindet, jeté dans une prison, fut, pendant plusieurs mois,
en proie aux atteintes d'une maladie aiguë et aux plus cruelles an-
goisses morales. Le décret d'amnistie du 4 brumaire an IV le rendit
à la liberté et à l'affection des siens.

Plus tard, impliqué dans la conspiration de Babeuf à laquelle il
était cependant étranger, il trouva un refuge chez un de ses amis.
Dans un Mémoire que, du fond de sa retraite, il adressait à la Haute-
Cour siégeant à Vendôme, il exhalait ces plaintes touchantes : « Le
« voyageur qui étudiera la France observera que, de toutes les con-
« trées de la République, celles dans lesquelles j'ai été envoyé
« étaient les plus exposées aux fureurs, aux vengeances, aux ressen-
« timents, et que ce sont néanmoins celles qui ont le moins souffert
« des fléaux révolutionnaires. Il apprendra avec étonnement que ces
« départements ont été préservés des malheurs et des calamités qui
« ont pesé sur ceux qui avaient pris bien moins de part aux événe-
« ments de la Révolution, et il demandera avec inquiétude quel fut
« le sort de celui qui au milieu des troubles et des discordes civils
« servit ainsi la patrie. »

Il fut acquitté, quoique contumace, par arrêt de la Haute-Cour, le 7 prairial, an V.

La conduite politique de Robert Lindet pendant la Révolution a été l'objet d'appréciations différentes ; mais ce n'est pas en Normandie qu'elle doit trouver des juges inflexibles et encore moins des juges prévenus.

L. BOIVIN-CHAMPEAUX,
Membre de la Société libre de l'Eure.